Lernkrimi Spanisch

Rápido como la muerte

Autor: Mario Martín
Illustrator: Harald Liviu Ardeias

Lernkrimi Comics erhältlich in vier weiteren Sprachen:

 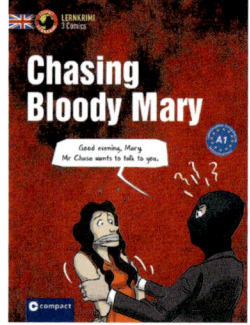 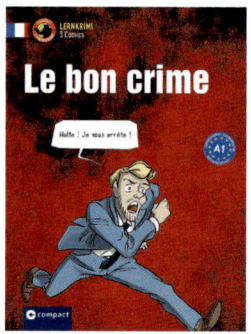 

ISBN 978-3-8174-1654-7   ISBN 978-3-8174-1655-4   ISBN 978-3-8174-1656-1   ISBN 978-3-8174-1657-8

Weitere Informationen zu Compact Lernkrimi Comics finden Sie am Ende des Buches und unter www.lernkrimi.de.

© Compact Verlag GmbH
Baierbrunner Straße 27, 81379 München
Ausgabe 2018

Alle Rechte vorbehalten. Nachdruck, auch auszugsweise,
nur mit ausdrücklicher Genehmigung des Verlages gestattet.

Redaktion: Janine Kaitzl
Fachkorrektur: Olga Carrasquedo
Produktion: Ute Hausleiter
Lernkrimi-Logo: Carsten Abelbeck
Gestaltung: textum GmbH
Umschlaggestaltung: red.sign GbR, Stuttgart

ISBN 978-3-8174-1658-5
381741658/2

www.compactverlag.de, www.lernkrimi.de, www.facebook.de/lernkrimi

Vorwort

Liebe Leserin, lieber Leser,

sicher zum Lernerfolg – mit Spaß und Spannung! Die Compact Lernkrimis mit ihrer Kombination aus fesselnder Lektüre und didaktischem Übungsanteil eignen sich hervorragend, um breite Sprachkompetenzen in der Fremdsprache zu erwerben. Der Lernende wird dabei durch die spannende Handlung, das angemessene Sprachniveau und den stetig ansteigenden Schwierigkeitsgrad der Übungen gefördert und motiviert. Entwickelt nach neuesten Erkenntnissen der Fremdsprachendidaktik sind Compact Lernkrimis das ideale Medium für einen Lernerfolg im Selbststudium. Durch die kleinen Texteinheiten und den hohen Übungsteil sind sie aber auch als Unterrichtslektüre bestens geeignet.

So lernen Sie mit Compact Lernkrimi Comics:

- **Mit Begeisterung lernen:** Die packende Krimihandlung motiviert Sie beim Lesen des spanischen Originaltextes.
- **Wissen intensivieren und erweitern:** Durch die Kombination aus didaktisch aufbereiteter Lektüre und textbezogenen Übungen testen und trainieren Sie Ihre Sprachkenntnisse effektiv. Vokabelangaben auf jeder Seite unterstützen Sie beim Lesen.
- **Systematisch lernen:** Knüpfen Sie an Ihr individuelles Sprachniveau an und setzen Sie sich eigene Lernziele.
- **Visuelles Lernen:** Inhalte leichter verstehen mit Comics.
- **Unabhängig sein:** Lernen Sie individuell – wo und wann immer Sie wollen.

Viel Spaß beim **spannenden Erlernen der spanischen Sprache** wünscht Ihnen

Prof. Dr. Christiane Neveling
Didaktik der romanischen Sprachen, Universität Leipzig

Das Ermittlerteam

Rosa Benítez

Rosa eilt der Ruf einer rasanten Kommissarin voraus. Seit sie ihre Karriere als Sprinterin beendet hat, kommt ihr ihre Schnelligkeit im Dienst zugute – Verbrecher auf der Flucht ziehen daher unweigerlich den Kürzeren. Rosa ist die Risikofreudige, die immer aufs Ganze geht. Wenn sie ihr energischer Ermittlungsstil einmal nicht weiterbringt, kann sie sich auf ihre gute Menschenkenntnis verlassen – und auf ihren jüngeren Kollegen Pablo.

Pablo Carballo

Der sympathische Pablo sagt von sich selbst, nicht der athletischste Kommissar zu sein. Körperlichen Einsatz scheut er deswegen nicht, doch liegen seine Stärken eindeutig auf technischem Gebiet: Durch Recherchen in sozialen Netzwerken, Datenwiederherstellung oder Standortbestimmung gelingt es ihm in kürzester Zeit, einen Fall entscheidend voranzutreiben. Pablo ist der strategische Kopf des Teams, der seine Kollegin immer wieder zum Staunen bringt.

Inhalt

Rápido como la muerte	5
¿Buen Camino?	25
Asesinato en Barcelona	47
Test final	68
Soluciones	72
Glosario	75

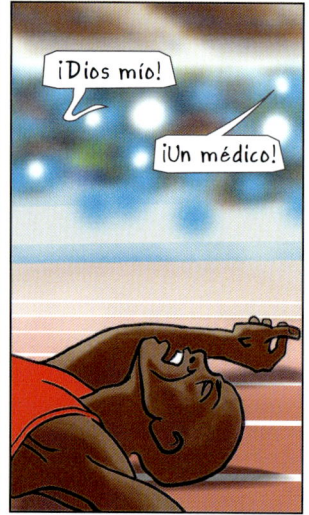

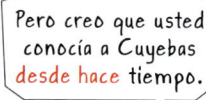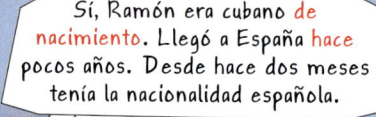

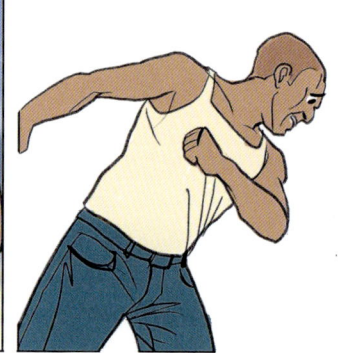

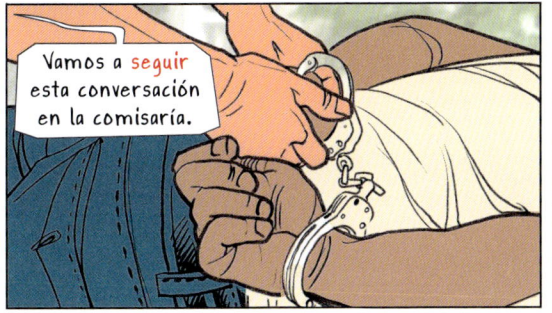

maldito	verdammt, verflixt
escapar	entkommen
huir *irr*	davonlaufen, fliehen
no tener *irr* nada que ver con algo	nichts zu tun haben mit etw.
odio m	Hass
competir *irr*	teilnehmen, starten
seguir *irr*	fortsetzen

15

Hay que soltar a Víctor Luque. No tenemos pruebas contra él.

Pero, ¿y los comentarios en internet?

Odiaba a Ramón, solo eso. Además tiene una coartada.

El día de la muerte de Ramón, Víctor no estaba en Madrid, sino en Toledo.

La chica del funeral es Elena Soriano, la hija del entrenador.

¿La chica que estaba tan afectada?

Exacto. Esto es de su página de Instagram. A ver si hay otras fotos parecidas.

Elena: Con mi amor, el próximo campeón olímpico

Parece que los dos tenían una relación.

¡Aquí! Este es el perfil de Elena. Julio es un admirador suyo.

Julio: Bellísima

Vamos a hablar de nuevo con Julio.

soltar *irr*	freilassen
prueba *f*	hier: Beweis
coartada *f*	Alibi
sino	sondern
funeral *m*	Begräbnis
entrenador *m*	Trainer
afectado	betroffen
perfil *m*	Profil
admirador *m*	Verehrer

Ejercicios

Ordenar. Bringen Sie die Wörter in die richtige Reihenfolge!

1. era   Ramon   atleta   gran   un   Cuyebas

_____

2. mitad   carrera   de   Ramon   una   en   muere

_____

3. Remigio   para   es   atletismo   vida   el   su

_____

4. deporte   le   no   el   gusta   Pablo   a

_____

Sopa de letras. Finden Sie im Gitterrätsel sieben Nationalitäten!

T	A	J	C	E	N	I	M	C
A	R	B	U	A	X	T	E	A
L	E	I	B	O	P	A	X	T
E	S	P	A	Ñ	O	L	I	L
M	U	C	N	Y	L	I	C	U
Á	I	X	O	E	D	A	A	N
N	Z	Q	A	C	I	N	N	E
R	O	L	L	I	Z	O	O	I
A	F	R	A	N	C	É	S	N

INFO

Im sportlichen Kontext ist mit **pista** der Untergrund gemeint, auf dem man sich betätigt:

pista de atletismo   Laufbahn (Stadion)

pista de esquí   Skipiste

pista de hielo   Eislaufbahn

In der Kriminalistik bedeutet **pista** dagegen „Spur", „Fährte", „Hinweis".

3 ¿**Verdadero o falso?** Welcher Satz ist grammatikalisch korrekt? Kreuzen Sie an!

1. ☐ **a)** Lo siento mucho lo que ha pasado.
   ☐ **b)** Siento mucho lo que ha pasado.

2. ☐ **a)** En primero lugar, quiero decir…
   ☐ **b)** En primer lugar, quiero decir…

3. ☐ **a)** Era mucho querido por todos ellos.
   ☐ **b)** Era muy querido por todos ellos.

4. ☐ **a)** Nos conocemos desde hace mucho tiempo.
   ☐ **b)** Nos conozco desde hace mucho tiempo.

4 **Adjetivos.** Ordnen Sie den Substantiven das passende Adjektiv zu!

1. ☐ deportista   **a)** tóxica
2. ☐ relación   **b)** terrible
3. ☐ hija   **c)** excelente
4. ☐ tragedia   **d)** enamorada
5. ☐ sustancia   **e)** competitivo

> **INFO**
>
> Die RAE (Real Academia Española) empfiehlt, das Adverb **solo** (nur) ohne Akzent zu schreiben. Die optische Unterscheidung vom Adjektiv **solo** (allein) sei unbedeutend gegenüber dem Argument, dass beide Wörter gleich betont und ausgesprochen werden. Missverständnisse räume oftmals der Kontext aus.

5 **Diálogo.** Bringen Sie den Dialog in die richtige Reihenfolge!

☐ **a)** –Yo de su vida personal no sé nada.

☐ **b)** –Pero erais amigos, ¿no?

☐ **c)** –Ramón ¿tenía algún enemigo?

☐ **d)** –No, solo compañeros.

Crucigrama. An welchen Orten spielt "Rápido como la muerte"? Übersetzen Sie und lösen Sie das Kreuzworträtsel!

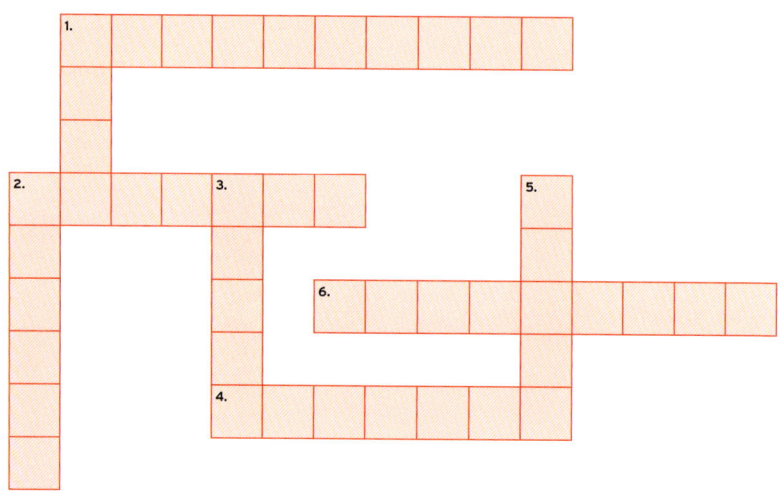

Waagerecht
1. Friedhof
2. Palast
4. Stadion
6. Kommissariat

Senkrecht
1. Haus
2. Park
3. Straße
5. Promenade

Sustantivos. Leiten Sie die Substantive von den Verben ab! Vergessen Sie den Artikel nicht!

1. competir _____
2. doler _____
3. preguntar _____
4. mover _____

patio m	(Innen-)Hof
parador m	hier: Hotel
en primer lugar	zunächst
acompañar a alguien	jdn. begleiten
relación f	Beziehung
exposición f	Ausstellung
dirección f	Adresse

barrio m	Stadtviertel
suban (Imperativ von subir)	Kommen Sie hoch.
suponer *irr*	vermuten
sobrina f	Nichte
enemigo m	Feind

recibir	erhalten
herencia f	Erbe, Erbschaft
por desgracia	leider
ni tampoco	auch nicht
heredero m	Erbe (Person)
incluir irr	einschließen, beinhalten
acusar (de)	beschuldigen
laboral	Arbeits–
albañil m	Maurer
en paro	arbeitslos
esquina f	Ecke
equipo m	hier: Mannschaft

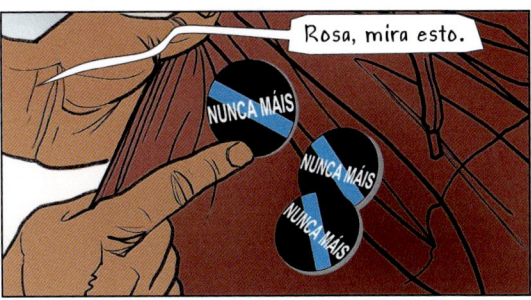

vestido de	gekleidet (in)
a veces	manchmal
parar	stehen bleiben, anhalten
inocente	unschuldig
huir *irr*	davonlaufen, fliehen
amenazar	bedrohen

inofensivo	harmlos
gastar bromas pesadas	sich geschmacklose Scherze erlauben
comprometido	(politisch) engagiert
extraño	seltsam, merkwürdig
no tener *irr* nada que ver con algo	nichts zu tun haben mit etw.
corte m	Schnitt
en cambio	dagegen
torpe	ungeschickt
distinto	verschieden

asunto *m*	Angelegenheit
resolver *irr*	klären, lösen
volver *irr*	zurückkehren
suyo/-a	ihr(e), Ihr(e)

tutear a alguien	jdn. duzen
estar *irr* preocupado	besorgt sein
romper *irr* con alguien	mit jdm. Schluss machen
estar *irr* harto de	die Nase voll haben von
celos *m pl*	Eifersucht
↳ pobrecito *m*	armer Kerl, armes Würstchen

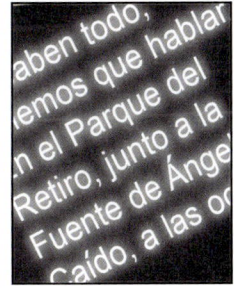

trato m	Abmachung, Deal
coincidencia f	Zufall
despreciar	verachten
luego	dann, danach
sospechar	Verdacht schöpfen
servir irr de	dienen als
disfrutar de	in den Genuss kommen

Ejercicios

Plural. Bilden Sie den Plural!

1. la vez　　　＿＿＿＿＿＿＿＿＿＿
2. el pintor　　＿＿＿＿＿＿＿＿＿＿
3. la relación　＿＿＿＿＿＿＿＿＿＿
4. la catedral　＿＿＿＿＿＿＿＿＿＿

Frases. Welche der folgenden Satzteile gehören zusammen? Ordnen Sie zu!

1. ☐ El albergue　　a) es una pintora.
2. ☐ La víctima　　 b) está lejos.
3. ☐ Mariano　　　 c) es un vino de Galicia.
4. ☐ El Alvariño　　d) tiene una coartada.
5. ☐ Marcos　　　　e) es el primo de Daniela.

Descripción. Welche Sätze passen zur Szene? Kreuzen Sie an!

1. El asesino tiene una cuchara en la mano. ☐
2. El asesino va vestido de negro. ☐
3. Daniela tiene miedo. ☐
4. Daniela sabe defenderse. ☐

4 **Ordenar.** Bringen Sie die Wörter in die richtige Reihenfolge!

1. peregrina una víctima la es

_____

2. barrio un Santiago es Fontiñas de

_____

3. Mariano herencia y una reciben Ramón

_____

4. peregrinas las le a asustar gusta Pitoño a

_____

INFO

¡Buen camino! wünschen sich die Pilger auf dem Weg nach Santiago de Compostela. Jede Tagesetappe wird mit einem **sello** (Stempel) in die **Credencial** (persönlicher Pilgerausweis) dokumentiert. Für einige endet der Weg nicht mit dem Erhalt der **Compostela** (Urkunde) in der galicischen Hauptstadt – sie wandern weiter zum Kilometer Null, dem **Cabo de Finisterre** (Ende der Welt).

5 **Frases.** Unterstreichen Sie die richtige Variante.

1. Tenemos de / que hablar con Elisa.

2. Vamos en / con mi coche.

3. Ayer por la tarde ha ido en / a Madrid.

Sopa de letras. Finden Sie sechs Gebäude und ordnen Sie sie dem richtigen Genus zu.

C	A	T	E	D	R	A	L	E
O	F	Ú	T	H	C	K	E	S
M	C	Ñ	E	O	S	T	G	T
I	G	L	E	S	I	A	I	A
S	A	A	L	T	C	B	A	C
A	V	S	E	A	A	E	W	I
R	I	O	F	L	R	R	S	Ó
Í	C	I	A	E	I	N	C	N
A	R	R	E	S	Z	A	Y	A

masculino:
_____
_____
_____

femenino:
_____
_____
_____

INFO
Achten Sie auf die abweichende Schreibung:
span. **femenino**, dt. **feminin**.

Pronombres. Ersetzen Sie die unterstrichenen Objekte durch das passende Objektpronomen!

1. Mariano quería <u>a Daniela</u>.

_____

2. Pablo confunde <u>a Álvaro y Mariano</u>.

_____

3. Rosa tutea <u>a Elisa</u>.

_____

4. Mariano borra <u>los mensajes</u>.

_____

Ordenar. Welche Begriffe assoziieren Sie mit welcher Stadt? Kreuzen Sie an!

	a) Santiago de Compostela	b) Madrid
1. peregrinar	☐	☐
2. metro	☐	☐
3. pulpo a la gallega	☐	☐
4. Parque del Retiro	☐	☐
5. Lavapiés	☐	☐

INFO

Das Landschaftsbild Galiciens ist geprägt von **hórreos**, Speicherkammern aus massivem Stein oder Holz, die frei und erhöht stehen. Das darin gelagerte Korn und Gemüse wird nicht nur vor Feuchtigkeit, sondern auch vor Nagern geschützt.

Diálogo. Bringen Sie den Dialog in die richtige Reihenfolge und entscheiden Sie, ob Rosa (R) oder Pablo (P) spricht.

	R / P:	Hasta ahora.
	R / P:	¿Cuándo sale el avión?
	R / P:	Vale. Estoy en camino.
	R / P:	Dentro de dos horas.
	R / P:	Te espero aquí.
1	R / P:	Estoy en el aeropuerto.

asesinato m	Mord
víctima f	Opfer
empleado m	Angestellter
empresa f constructora	Baufirma
causa f de la muerte	Todesursache
ahogamiento m	Ertrinken
diagnóstico m	Analyse, Befund
forense m	Gerichtsmediziner

en serio	ernsthaft, im Ernst
desde hace	seit
precioso	wunderschön
barrio m	Stadtviertel
¡vaya!	hier: wow
sentarse	sich setzen
antes que nada	allem voran
nuestro más sentido pésame	unser herzliches Beileid
adelante	hier: nur zu, los

puta *f*	Hure, Nutte
mensaje *m*	Nachricht
tomar algo	etw. trinken
matrimonio *m*	Ehe
quizás	vielleicht
mudanza *f*	Umzug

emblemático	sinnbildlich
cansancio m	Müdigkeit
¡venga!	hier: los! auf geht's!
faltar	hier: weit weg/lang hin sein
sede f	(Firmen-)Sitz

estar *irr* implicado	verwickelt sein
investigado por	untersucht wegen
ganar	gewinnen
aparecer *irr*	erscheinen
testigo m/f	Zeuge/Zeugin
a favor de	zugunsten von
lograr	erzielen, bekommen
urbanización f	Bebauung, Bauprojekt
denunciar	beklagen
venganza f	Rache

carretera f	(Land-)Straße
¡qué vistas más increíbles!	Was für eine unglaubliche Aussicht!
de lujo	Luxus-, luxuriös
ser irr asesinado	ermordet werden
ser irr sospechoso	im Verdacht stehen
competencia f	Konkurrenz
juicio m	Gerichtsprozess
reciente	neuerlich, kürzlich
amenazar de muerte	mit dem Tode bedrohen

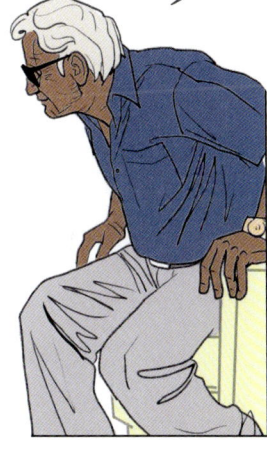

defecto m	hier: Schwäche
a pesar de	trotz
apasionado	leidenschaftlich, begeistert
ladrón m	Dieb
equivocarse	sich irren
comprometerse	sich engagieren, sich verpflichten

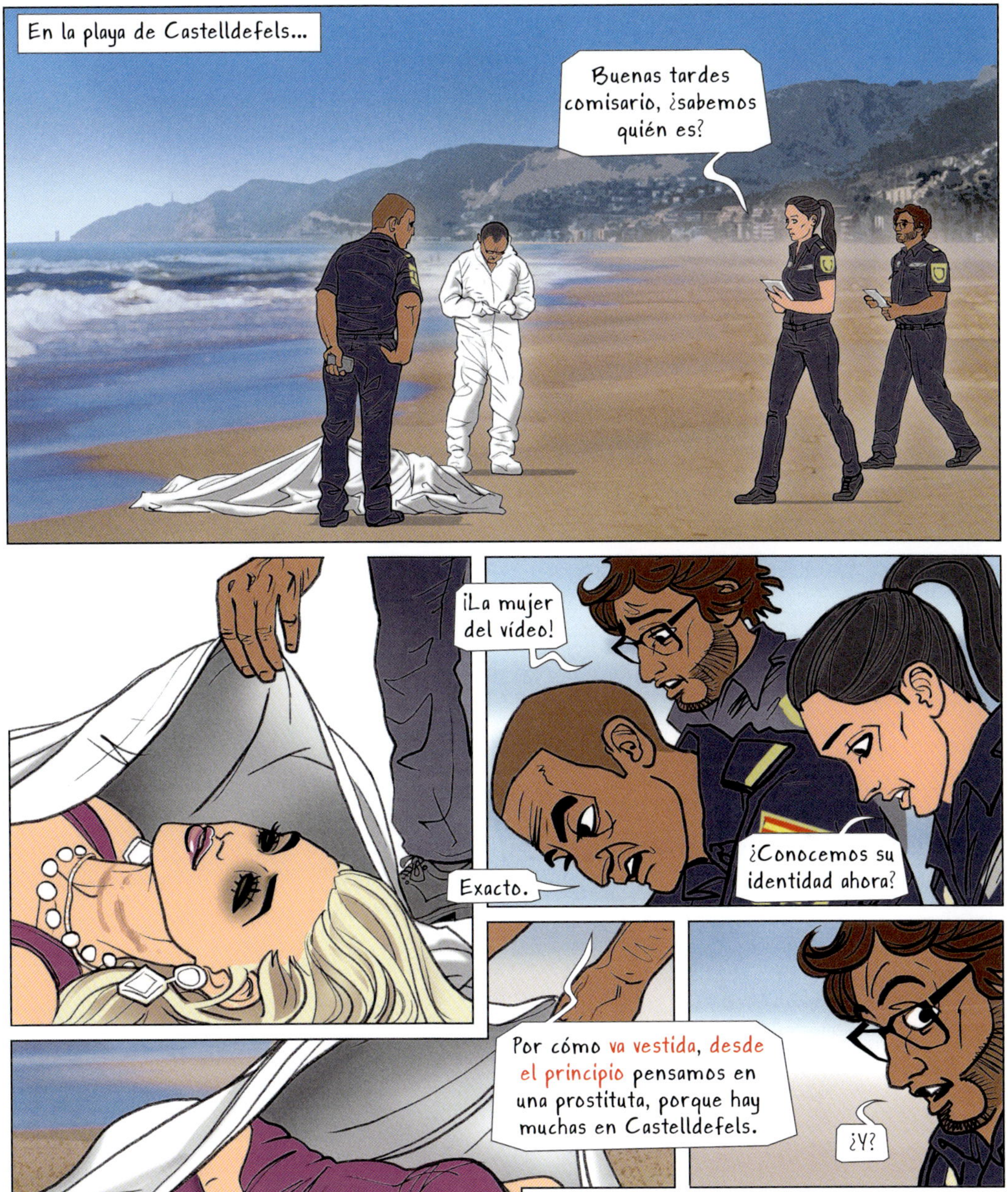

En la playa de Castelldefels...

Buenas tardes comisario, ¿sabemos quién es?

¡La mujer del vídeo!

Exacto.

¿Conocemos su identidad ahora?

Por cómo va vestida, desde el principio pensamos en una prostituta, porque hay muchas en Castelldefels.

¿Y?

ir *irr* vestido	angezogen sein
desde el principio	von Anfang an

nacido en	geboren in
residente en	ansässig in, wohnhaft in
detenido por	verhaftet wegen
modo m	Weise
similar	ähnlich
tampoco	auch nicht
huellas f pl dactilares	Fingerabdrücke
pista f	Spur
funeral m	Begräbnis
cementerio m	Friedhof

¡alto!	Halt!
coger	hier: schnappen

Ejercicios

 **Adjetivos.** Was verraten die Gesichter über die Personen? Ordnen Sie ihnen das passende Adjektiv zu!

1.

2.

3.

4.

5.

6.

1. ☐ Vassily se siente
2. ☐ Pablo está
3. ☐ Álex está
4. ☐ Sra. Forcadell está muy
5. ☐ Katerina parece
6. ☐ Rosa está

a) contenta
b) confundido
c) triste
d) pensativa
e) culpable
f) enfadado

INFO

Stimmungen, Befindlichkeiten und zeitlich begrenzte bzw. veränderliche Zustände äußert man mit Hilfe des Verbs **estar**:
¿Cómo estás? —Ay, estoy nerviosa.

estar cansado/a	müde sein
estar enfermo/a	krank sein
estar de buen/mal humor	gute/schlechte Laune haben

2 Diálogo. Bringen Sie den Dialog in die richtige Reihenfolge!

- [ ] a) –Eso parece, por desgracia.
- [ ] b) –Pero parece que su marido sí la conocía.
- [ ] c) –¿Usted conocía a esta mujer?
- [ ] d) –No, nunca la he visto.

INFO

In Spanien wird die Beerdigung innerhalb von 24 Stunden nach dem Tod vollzogen. Ein Trauermahl mit Angehörigen im Anschluss findet nicht statt.

3 Traducción. Übersetzen Sie!

1. Wir müssen mit Herrn Collserola sprechen.

   _____

2. Mein Kollege hat recht.

   _____

3. Vielen Dank für Ihre Hilfe.

   _____

4 Sustantivos. Ergänzen Sie die Sätze mit den aus den Verben abgeleiteten Substantiven!

1. Ha firmado un   contratar   _____ en muy buenas condiciones.

2. Ha recibido un   golpear   _____ muy fuerte.

3. La causa de la muerte no era   ahogar   _____.

4. El asesinato es por una   vengar   _____.

Sopa de letras. Finden Sie sechs Berufe!

I	W	E	R	F	C	T	A	C
N	I	G	T	O	A	B	I	O
G	B	E	R	R	M	E	P	M
E	M	P	L	E	A	D	O	I
N	S	U	L	N	R	M	L	S
I	X	E	G	S	E	A	I	A
E	L	G	I	E	R	I	C	R
R	I	E	S	K	O	M	Í	I
O	B	T	Z	E	C	A	A	O

INFO

Personenbezeichnungen auf **-ante**, **-ista** und **-ía** schließen beide Geschlechter ein. Ob Mann oder Frau gemeint ist, zeigt der Artikel.

el/la cantante   der Sänger/ die Sängerin
el/la turista   der Tourist/ die Touristin
el/la policía   der Polizist/ die Polizistin

Errores. Korrigieren Sie sechs grammatikalische und orthografische Fehler!

Mientras viajan en el tren AVE de vuelta a Madrid, Pablo dize:

–Me acuerdo de ese refrán: "La avaricia romper el saco".

–Siento mucha tristesa por ese chica. Ella no tiene culpa de nada –comenta Rosa–.

Y Raimon tampóco esperaba una reación así de su jefe.

1. _____ 2. _____ 3. _____

4. _____ 5. _____ 6. _____

INFO

In nur zwei Fällen benutzt man für die Fortbewegung die Präposition **a**: **ir a pie** und **ir a caballo**. Mit sonstigen Tieren und Verkehrsmitteln heißt es immer **en**: Voy **en** tren/**en** bici/**en** coche/**en** autobús/ **en** avión/**en** taxi/**en** camello/**en** burro etc.

Test final

Rápido como la muerte

1 ¿**Verdadero o falso?** Welche Sätze sind inhaltlich richtig? Kreuzen Sie an!

1. Ramón Cuyebas consumía habitualmente sustancias tóxicas. ❒
2. Remigio Soriano es el médico personal de Ramón Cuyebas. ❒
3. Víctor Luque es miembro de un grupo de extrema derecha. ❒
4. Julio Muñiz está enamorado de Elena Soriano. ❒
5. Remigio mata a Ramón porque no debe casarse con su hija. ❒

2 **El titular.** Bringen Sie die Wörter in die richtige Reihenfolge und formulieren Sie die Schlagzeile!

muere durante de Atleta competición infarto

3 **Cadena de verbos.** Finden Sie in der Wortschlange fünf Verben zum Thema Sport!

ganarbuscarperderdecircorrersaludaroírentrenarvercomprarcompetiramarsaludar

¿Buen Camino?

4 **Comprensión.** Wie enden die Sätze richtig? Kreuzen Sie an!

1. El lema "Nunca máis" se refiere a
   - ❐ **a)** una marea negra.
   - ❐ **b)** una exposición.
2. El Parador o el Hostal de los Reyes Católicos es actualmente
   - ❐ **a)** la comisaría de Santiago.
   - ❐ **b)** un hotel.
3. El Alvariño es
   - ❐ **a)** un plato típico de Galicia.
   - ❐ **b)** un vino de Galicia.

5 **Interrogatorio.** Welche Aussagen macht Mariano im Verhör? Unterstreichen Sie die wahrheitsgemäßen Angaben!

1. Soy el hermano / primo de Daniela.
2. Ella me quería / me despreciaba.
3. No tengo trabajo ni amigos / dinero.
4. Álvaro / Pitoño y yo cerramos un trato.

6 **Preposiciones.** Vervollständigen Sie den Text mit den richtigen Präpositionen!

Álvaro decide matar **1.** _____ Daniela porque tiene celos **2.** _____ Marcos Cantel. Álvaro se pone de acuerdo **3.** _____ Mariano Janés, el primo **4.** _____ Daniela. Mariano la ataca **5.** _____ el Camino de Santiago, **6.** _____ pocos kilómetros de la ciudad.

Asesinato en Barcelona

Crucigrama. Lösen Sie das Kreuzworträtsel!

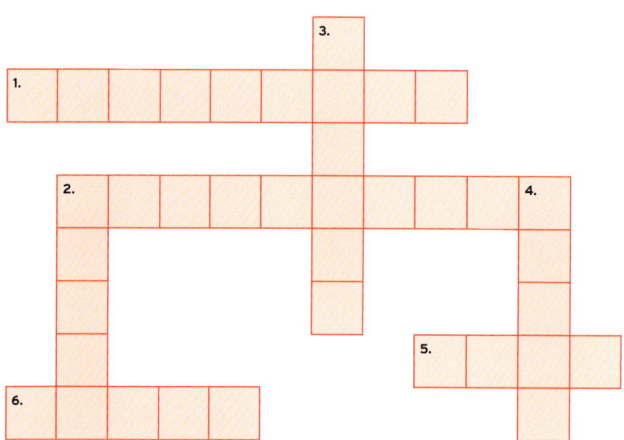

Waagerecht:
1. Pablo es el ... de trabajo de Rosa.
2. Los funerales tienen lugar en el ...
5. No se puede ... y odiar al mismo tiempo.
6. El constructor de la Sagrada Familia se llama Antoni ...

Senkrecht:
2. La Sagrada Familia está ... de la Avenida Diagonal.
3. Hay ... de alcohol y drogas en la sangre de la víctima.
4. ¿Cómo se puede ... el deporte? –pregunta Rosa a Pablo.

Completar. Ergänzen Sie den Text mit der korrekten Verbform im Präsens!

—De acuerdo, Vassily. Katia **1.** `ser` _____ la mujer perfecta para nuestro plan. Vosotros **2.** `ir` _____ a recibir veinte mil euros cada uno. Pero cuidado: si tú **3.** `decir` _____ algo a alguien, te **4.** `recordar` _____ que Alberto **5.** `saber` _____ dónde **6.** `vivir` _____ Katia y tú.

La víctima. Beschriften Sie die Szene! Die vorgegeben Begriffe helfen Ihnen. Vergessen Sie die Artikel nicht!

pierna · ojo · collar · mano · vestido · cabello · zapato · boca · cuello · sábana

1. la sábana
2. _____
3. _____
4. _____
5. _____
6. _____
7. _____
8. _____
9. _____
10. _____

Soluciones

Rápido como la muerte

1 1. Ramón Cuyebas era un gran atleta. 2. Ramón muere en mitad de una carrera. 3. Para Remigio el atletismo es su vida. 4. A Pablo no le gusta el deporte.

2

T	A	J	C	E	N	I	M	C
A	R	B	U	A	X	T	E	A
L	E	I	B	O	P	A	X	T
E	S	P	A	Ñ	O	L	I	L
M	U	C	N	Y	L	I	C	U
Á	I	X	O	E	D	A	A	N
N	Z	Q	A	C	I	N	N	E
R	O	L	L	I	Z	O	O	I
A	F	R	A	N	C	É	S	N

3 1. b 2. b 3. b 4. a

4 1. e 2. c 3. d 4. b 5. a

5 1. c 2. a 3. b 4. d

6

7 1. la competición 2. el dolor 3. la pregunta 4. el movimiento

¿Buen Camino?

1 1. las veces 2. los pintores 3. las relaciones 4. las catedrales

2 1. b 2. a 3. e 4. c 5. d.

3 falso (Tiene un cuchillo en la mano.) 2. verdadero 3. verdadero 4. falso (Ella no sabe defenderse. Está sola y tiene miedo.)

4 La víctima es una peregrina. 2. Fontiñas es un barrio de Santiago. 3. Ramón y Mariano reciben una herencia. 4. A Pitoño le gusta asustar a las peregrinas.
5 1. que 2. en 3. a
6 **masculino:** hostal
femenino: comisaría, catedral, estación, iglesia, taberna
7 1. Mariano la quería. 2. Pablo los confunde. 3. Rosa la tutea. 4. Mariano los borra.
8 1. a 2. b 3. a 4. b 5. b
9 1. Pablo: Estoy en el aeropuerto. 2. Rosa: ¿Cuándo sale el avión?
3. Pablo: Dentro de dos horas. 4. Rosa: Vale. Estoy en camino.
5. Pablo: Te espero aquí. 6. Rosa: Hasta ahora.

Asesinato en Barcelona

1 1. e 2. f 3. b 4. c 5. a 6. d
2 1. c 2. d 3. b 4. a
3 1. Tenemos que/Necesitamos hablar con el señor Collserola. 2. Mi compañero tiene razón. 3. Muchas gracias por su ayuda.
4 1. contrato 2. golpe 3. ahogamiento 4. venganza
5

I	W	E	R	F	C	T	A	C
N	I	G	T	O	A	B	I	O
G	B	E	R	R	M	E	P	M
E	M	P	L	E	A	D	O	I
N	S	U	L	N	R	M	L	S
I	X	E	G	S	E	A	I	A
E	L	G	I	E	R	I	C	R
R	I	E	S	K	O	M	Í	I
O	B	T	Z	E	C	A	A	O

6 1. dice 2. rompe 3. tristeza 4. esa 5. tampoco 6. reacción

Test final

1 1. falso (Remigio le pasa una bebida energética con una sustancia tóxica antes de la carrera.) 2. falso (Remigio es el entrenador de Ramón.) 3. verdadero 4. verdadero 5. verdadero
2 Atleta muere de infarto durante competición
3 1. ganar 2. perder 3. correr 4. entrenar 5. competir
4 1. a 2. b 3. b

5

1. Soy el primo de Daniela.
2. Ella me despreciaba.
3. No tengo trabajo ni dinero.
4. Álvaro y yo cerramos un trato.

6 1. a 2. de 3. con 4. de 5. en 6. a

7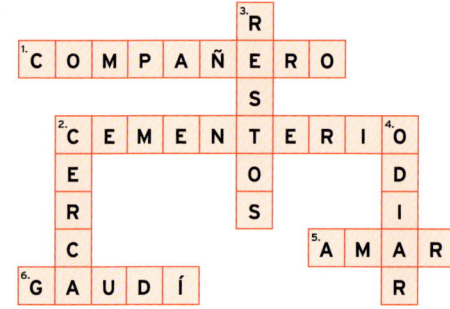

8 1. es 2. vais 3. dices 4. recuerdo 5. sabe 6. vivís

9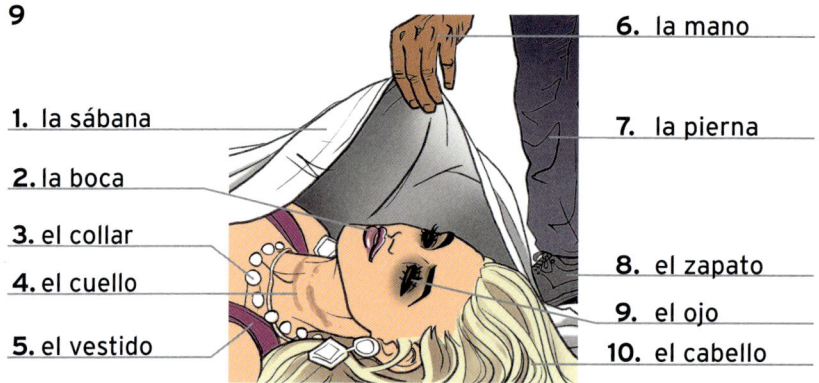

1. la sábana
2. la boca
3. el collar
4. el cuello
5. el vestido
6. la mano
7. la pierna
8. el zapato
9. el ojo
10. el cabello

Glosario

♮ = umgangssprachlich
fig = bildlich
f = feminin
m = maskulin
pl = Plural
irr = unregelmäßiges Verb

a favor de	zugunsten von	**Alvariño** *m*	typ. Wein aus Galicien; edle Rebsorte im Weinbaugebiet Rías Baixas
a pesar de	trotz		
a sus puestos	auf die Plätze		
¡a trabajar!	An die Arbeit!	**amenazar (de muerte)**	(mit dem Tode) bedrohen
a veces	manchmal		
acabar	enden	**antes que nada**	allem voran
accidente *m*	Unfall	**aparecer** *irr*	erscheinen
acercarse	*hier:* sich an jdn. ranmachen	**apasionado**	leidenschaftlich, begeistert
acompañante *m/f*	Begleiter(in)	**arriesgado**	riskant
acompañar a alguien	jdn. begleiten	**arrojar**	werfen
acusar (de)	beschuldigen, bezichtigen	**asesinato** *m*	Mord
		asesino *m*	Mörder
adelante	*hier:* nur zu, los	**asunto** *m*	Angelegenheit
admirador *m*	Verehrer	**asustar a alguien**	jdn. erschrecken
afectado	betroffen	**atreverse**	wagen
ahogamiento *m*	Ertrinken	**barrio** *m*	Stadtviertel
albañil *m*	Maurer	**bebida** *f* **energética**	Energydrink
albergue *m*	Herberge	**borracho**	betrunken
alegrarse	sich freuen	**borrado**	gelöscht
allí atrás	dahinten	**callado**	still, schweigsam
¡alto!	Halt!	**campeonato** *m*	Meisterschaft

cansancio *m*	Müdigkeit	**de la madrugada**	*hier:* nachts, in der Früh
carrera *f*	Lauf	**de lujo**	Luxus-, luxuriös
carretera *f*	(Land-)Straße	**de manera natural**	auf natürliche Weise
casarse	heiraten	**de nacimiento**	gebürtig
caso *m*	Fall	**de nuevo**	erneut
casualidad *f*	Zufall	**declaración** *f* **de la renta**	Steuererklärung
causa *f* **de la muerte**	Todesursache		
celos *m pl*	Eifersucht	**defecto** *m*	*hier:* Schwäche
celoso	eifersüchtig	**demasiado**	zu viel
cementerio *m*	Friedhof	**denunciar**	beklagen
cita *f*	Termin	**desaparecer** *irr*	verschwinden
coartada *f* **(sólida)**	(wasserfestes) Alibi	**descansar**	ausruhen
coger	*hier:* schnappen	**descubrir** *irr*	entlarven, herausfinden
coincidencia *f*	Zufall	**desde el principio**	von Anfang an
competencia *f*	Konkurrenz	**desde hace**	seit
competir *irr*	teilnehmen, starten	**despreciar**	verachten
competitivo	wettkampfstark	**detenido (por)**	verhaftet, festgenommen (wegen)
comprometerse	sich engagieren, sich verpflichten		
comprometido	(politisch) engagiert	**diagnóstico** *m*	Analyse, Befund
confundir a alguien	jdn. verwirren	**dirección** *f*	Adresse
contar	erzählen	**disculpen**	entschuldigen Sie
contratado por	*hier:* angeheuert um/für	**disfrutar de**	in den Genuss kommen
convertirse *irr* **en**	machen zu, werden zu	**distinto**	verschieden
correr	joggen	**doler**	schmerzen, wehtun
corte *m*	Schnitt	**dolor** *m*	Schmerz, Trauer
costar	(Geld) kosten	**duración** *f*	Dauer
cuadro *m*	*hier:* Bild, Gemälde	**echar de menos**	vermissen
cuenta *f*	*hier:* Account	**echar un vistazo a**	einen Blick werfen auf
culpa *f*	Schuld	**emblemático**	sinnbildlich
dar *irr* **una vuelta**	eine Runde drehen	**empleado** *m*	Angestellter
de hecho	in der Tat	**empresa** *f* **constructora**	Baufirma

en cambio	dagegen	gastar bromas pesadas	sich geschmacklose Scherze erlauben
en paro	arbeitslos	golpe *m*	Schlag
en primer lugar	zunächst	granizado *m* (*auch:* granizada *f*)	Erfrischungsgetränk mit zerstoßenem Eis und Fruchtsaft bzw. Sirup
en secreto	heimlich		
en serio	ernsthaft, im Ernst		
encantado	sehr erfreut		
encargado	beauftragt	guardar	bewahren, hüten
enemigo *m*	Feind	hace	vor (zeitlich)
enfadado	verärgert	hacer *irr*	tun, machen
enseguida	sofort	heredero *m*	Erbe (Person)
entierro *m*	Beerdigung	herencia *f*	Erbe, Erbschaft
entrenador *m*	Trainer	hizo *irr* (hacer)	(er) tat/hat getan
equipo *m*	*hier:* Mannschaft	huellas *f pl* dactilares	Fingerabdrücke
equivocarse	sich irren	huir *irr*	davonlaufen, fliehen
escapar	entkommen	incluir *irr*	einschließen, beinhalten
esquina *f*	Ecke		
estar *irr* de servicio	im Dienst sein	incluso	sogar
estar *irr* enamorado de alguien	in jdn. verliebt sein	ingresos *m pl*	Einnahmen, Einkünfte
estar *irr* harto de	die Nase voll haben von	inocente	unschuldig
		inofensivo	harmlos
estar *irr* implicado	verwickelt sein	intentar	versuchen
estar *irr* preocupado	besorgt sein	investigado por	untersucht wegen
excepcional	herausragend	ir *irr* vestido	angezogen sein
exposición *f*	Ausstellung	juicio *m*	Gerichtsprozess
extrañar	wundern	junto a	*hier:* direkt an/bei
extraño	seltsam, merkwürdig	la avaricia rompe el saco *fig*	Habgier bringt den Sack zum Reißen.
faltar	*hier:* weit weg/lang hin sein		
		laboral	Arbeits-
forense *m*	Gerichtsmediziner	ladrón *m*	Dieb
funeral *m*	Begräbnis	listos	fertig
ganadora *f*	Siegerin	llegar	(an)kommen
ganar	gewinnen	llevar	abführen, mitnehmen

lo tuyo	*hier:* deins, dein Ding	**nuestro más sentido pésame**	unser herzliches Beileid
lograr	erzielen, bekommen	**odio** *m*	Hass
luego	dann, danach	**ofrecer** *irr* **algo a alguien**	jdm. etw. anbieten
madrileño	aus Madrid		
magnífico	hervorragend	**olvidar a alguien**	jdn. vergessen
mala fama *f*	schlechter Ruf	**oponerse a**	sich entgegenstellen, widersetzen
maldito	verdammt, verflixt		
mandar	*hier:* beauftragen	**parador** *m*	*hier:* Hotel
manifestación *f*	Demonstration	**parar**	stehen bleiben, anhalten
marea *f* **negra**	Ölpest	**patio** *m*	(Innen-)Hof
matar a alguien	jdn. umbringen	**pedir** *irr*	verlangen
matrimonio *m*	Ehe	**perder**	verlieren
mejor que	besser als	**peregrina** *f*	Pilgerin
mensaje *m*	Nachricht	**perfil** *m*	Profil
mentir *irr*	(be)lügen	**permiso** *m*	Erlaubnis, Genehmigung
merecer(se) algo	etw. verdienen		
mi más sentido pésame	mein herzliches Beileid	**pista** *f*	Spur
		placer *m*	Vergnügen
miembro *m*	Mitglied	↳ **pobrecito** *m*	armer Kerl, armes Würstchen
miles de	Tausende		
modo *m*	Weise	**por cierto**	apropos, übrigens
molestar	stören	**por dentro**	von innen
móvil *m*	Handy	**por desgracia**	leider
movimiento *m*	Bewegung	**por mi culpa**	meinetwegen
mudanza *f*	Umzug	**por supuesto**	selbstverständlich
nacido en	geboren in	**posesivo**	besitzergreifend
ni tampoco	auch nicht	**precioso**	wunderschön
ningún	kein	**proteger a alguien**	jdn. beschützen
no me suena de nada	das sagt mir nichts	**prueba** *f*	Beweis; Test
		publicidad *f*	*hier:* Schlagzeile
no tener *irr* **nada que ver con algo**	nichts zu tun haben mit etw.	**puesto** *m*	Platz
		pulpo *m*	Oktopus
novio *m*	Freund, Lebensgefährte	↳ **puta** *f*	Hure, Nutte

¡qué casualidad!	Was für ein Zufall!	similar	ähnlich
¡qué vistas más increíbles!	Was für eine unglaubliche Aussicht!	sino	sondern
		sobre todo	vor allem, zumal
quitar	wegnehmen	sobrina *f*	Nichte
quizás	vielleicht	¡socorro!	Hilfe!
recibir	erhalten	soltar *irr*	freilassen
reciente	neuerlich, kürzlich	sospechar	Verdacht schöpfen
recordar	sich erinnern	sospechoso	verdächtig
red *f* social	soziales Netzwerk	subir	zu jdm. hoch kommen
refugiado *m*	Flüchtling	suerte *f*	Glück
registro *m* de llamadas	Liste der Anrufe	suponer *irr*	vermuten
		suyo/-a	ihr(e), Ihr(e)
regresar a	zurückkehren nach	tacaño *m*	Geizhals
relación *f*	Beziehung, Verhältnis	temer	befürchten
relaciones *f pl* públicas	PR, Werbung	tener *irr* en común	gemeinsam haben
		tener *irr* razón	recht haben
residente en	ansässig in, wohnhaft in	testigo *m/f*	Zeuge/Zeugin
		tomar algo	etw. trinken
resolver *irr*	klären, lösen	torpe	ungeschickt
romper *irr* con alguien	mit jdm. Schluss machen	trato *m*	Abmachung, Deal
		tutear a alguien	jdn. duzen
salir *irr* de viaje	(geschäftlich) verreisen	urbanización *f*	Bebauung, Bauprojekt
sede *f*	(Firmen-)Sitz		
seguidor *m*	Anhänger, Follower	urgente	dringend
seguir *irr*	fortsetzen	vacaciones *f pl*	Urlaub
sentarse	sich setzen	¡vaya!	*hier:* wow
sentirse *irr* bien	sich wohl fühlen	¡venga!	*hier:* los! auf geht's!
ser *irr* asesinado	ermordet werden	venganza *f*	Rache
ser *irr* muy amigo	eng befreundet sein	vestido de	gekleidet (in)
ser *irr* sospechoso	im Verdacht stehen	víctima *f*	Opfer
servir *irr* de	dienen als	volver *irr*	zurückkehren
si	ob	vuelo *m*	Flug
si lo llego a saber	wenn ich gewusst hätte	ya	schon

Spannend Sprachen lernen

Kriminell gut

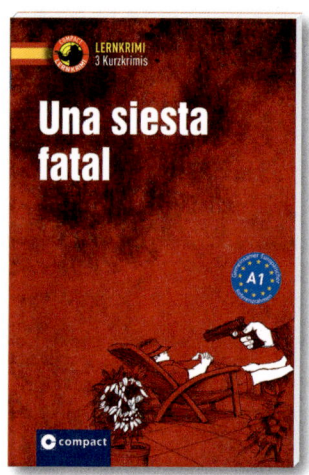

ISBN 978-3-8174-1858-9

Lernlektüren für Anfänger

- Spannende Krimistorys mit zahlreichen Übungen
- Vokabel- und Infokästen direkt auf der Seite
- Durchgehende Geschichte oder drei Kurzkrimis

Spannendes Hörerlebnis

Audio-CD mit Begleitbuch ›
Gelesen von Muttersprachlern ›
Inklusive Übungen und Vokabelangaben ›

ISBN 978-3-8174-1819-0

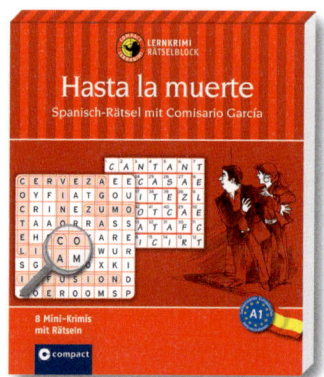

ISBN 978-3-8174-9503-0

Kriminell guter Rätselspaß

- Mini-Krimis mit Sprachrätseln
- Lösungen und Vokabelangaben auf der Rückseite
- Zahlreiche Illustrationen

www.lernkrimi.de | www.compactverlag.de